$15.95

Presented to
BGSU University Libraries
Curriculum Resource Center
The Frances F. Povsic Collection

Donated by:

**The Publisher &
Cooperative Services for
Children's Literature**

D1376703

JEROME LIBRARY
CURRICULUM RESOURCE CENTER
BOWLING GREEN STATE UNIVERSITY
BOWLING GREEN, OHIO 43403

Nuestro planeta es importante
El tiempo y el espacio

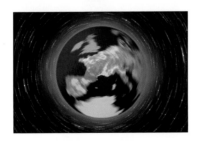

Dana Meachen Rau

mc Marshall Cavendish
Benchmark
Nueva York

BOWLING GREEN STATE
UNIVERSITY LIBRARIES

Jov
55.22
R23953

Observamos el paso del tiempo en los calendarios, en los relojes de pulsera y en los de pared. Estos nos ayudan a saber la hora, el día, el mes y el año. ¿Pero cómo sabemos realmente qué hora es?

La Tierra se está moviendo siempre a través del *espacio sideral*. La manera en que se mueve nos ayuda a saber la hora.

LA TIERRA

La Tierra se mueve alrededor del Sol. Su recorrido tiene forma de óvalo. Este recorrido se llama *órbita*.

Por el movimiento de la Tierra alrededor del Sol, medimos los años.

La Tierra recorre una órbita en 365 días aproximadamente.

Una órbita es un año. Así que cada 365 días, ¡tenemos que cambiar el calendario por uno nuevo!

ENERO

L	M	M	J	V	S	D
1	2	3	4	5	6	7
8	9	10	11	12	13	14
15	16	17	18	19	20	21
22	23	24	25	26	27	28
29	30	31				

FEBRERO

L	M	M	J	V	S	D
			1	2	3	4
5	6	7	8	9	10	11
12	13	14	15	16	17	18
19	20	21	22	23	24	25
26	27	28				

MARZO

L	M	M	J	V	S	D
			1	2	3	4
5	6	7	8	9	10	11
12	13	14	15	16	17	18
19	20	21	22	23	24	25
26	27	28	29	30	31	

ABRIL

L	M	M	J	V	S	D
30						1
2	3	4	5	6	7	8
9	10	11	12	13	14	15
16	17	18	19	20	21	22
23	24	25	26	27	28	29

MAYO

L	M	M	J	V	S	D
1	2	3	4	5	6	
7	8	9	10	11	12	13
14	15	16	17	18	19	20
21	22	23	24	25	26	27
28	29	30	31			

JUNIO

L	M	M	J	V	S	D
				1	2	3
4	5	6	7	8	9	10
11	12	13	14	15	16	17
18	19	20	21	22	23	24
25	26	27	28	29	30	

JULIO

L	M	M	J	V	S	D
30	31					1
2	3	4	5	6	7	8
9	10	11	12	13	14	15
16	17	18	19	20	21	22
23	24	25	26	27	28	29

AGOSTO

L	M	M	J	V	S	D
	1	2	3	4	5	
6	7	8	9	10	11	12
13	14	15	16	17	18	19
20	21	22	23	24	25	26
27	28	29	30	31		

SEPTIEMBRE

L	M	M	J	V	S	D
					1	2
3	4	5	6	7	8	9
10	11	12	13	14	15	16
17	18	19	20	21	22	23
24	25	26	27	28	29	30

OCTUBRE

L	M	M	J	V	S	D
1	2	3	4	5	6	7
8	9	10	11	12	13	14
15	16	17	18	19	20	21
22	23	24	25	26	27	28
29	30	31				

NOVIEMBRE

L	M	M	J	V	S	D
			1	2	3	4
5	6	7	8	9	10	11
12	13	14	15	16	17	18
19	20	21	22	23	24	25
26	27	28	29	30		

DICIEMBRE

L	M	M	J	V	S	D
31					1	2
3	4	5	6	7	8	9
10	11	12	13	14	15	16
17	18	19	20	21	22	23
24	25	26	27	28	29	30

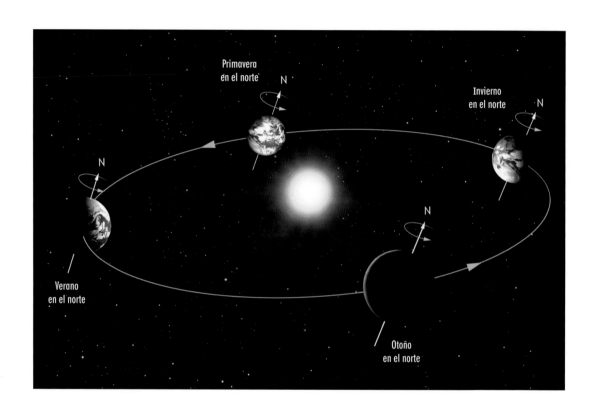

Primavera
en el norte

N

Invierno
en el norte

N

N

Verano
en el norte

N

Otoño
en el norte

Por el movimiento de la Tierra alrededor del Sol, tenemos *estaciones*. A veces, la Tierra se *inclina* hacia el Sol. A veces, la Tierra se inclina en sentido contrario al Sol.

El calor del Sol calienta la Tierra.
En la parte más cercana al Sol
hay verano.

En la región de la Tierra que está
más alejada hay invierno y hace
mucho frío.

Porque la Luna orbita alrededor de la Tierra, tenemos meses. La Luna tarda casi 30 días en dar una vuelta alrededor de la Tierra.

LA LUNA

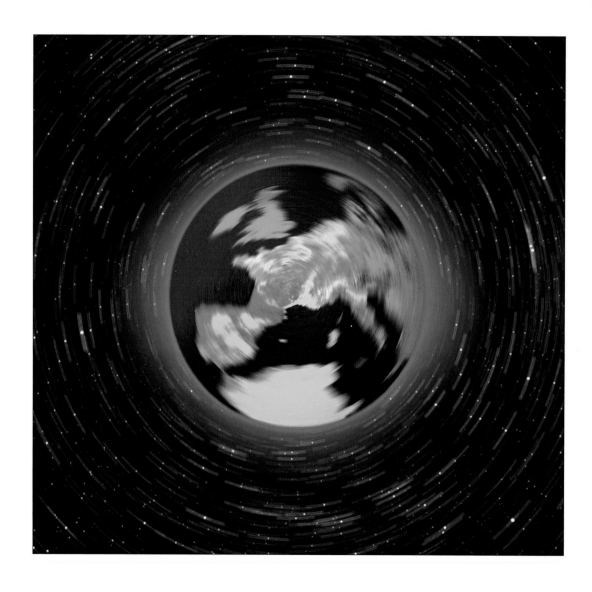

Por la rotación de la Tierra, tenemos días. La Tierra hace una *rotación* en un día aproximadamente. Un día tiene 24 horas.

Como la Tierra rota, la parte que mira al Sol siempre cambia. En la cara que da al Sol es de día. En la otra cara es de noche.

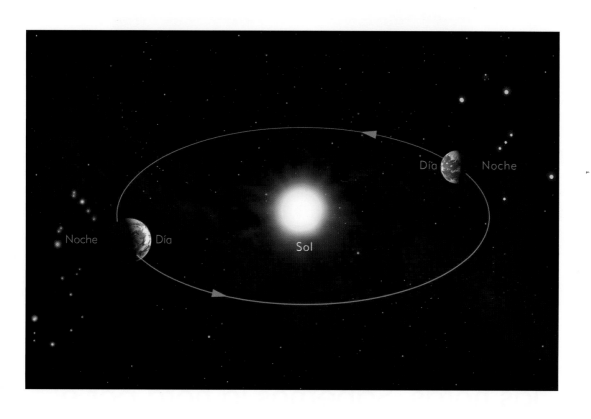

La rotación de la Tierra nos marca
las horas. Sabemos la hora por el
lugar del Sol en el cielo.

En cada hora del día el Sol está
en un lugar diferente.

24

Hace mucho tiempo, las personas usaban *relojes de sol* para saber la hora. El reloj de sol mostraba una *sombra* larga cuando el Sol estaba bajo, por la mañana. Mostraba una sombra corta cuando el Sol estaba alto, al mediodía. Las personas miraban la sombra para saber qué hora del día era.

El Sol no viaja realmente por el cielo. Parece que viajara porque la Tierra rota.

Como tú, la Tierra está siempre en movimiento. ¡La Tierra te permite saber qué hora es!

Palabras avanzadas

espacio sideral Lugar fuera de la atmósfera de la Tierra donde está el Sol, las estrellas y otros planetas.

estaciones Las cuatro partes del año: invierno, primavera, verano y otoño.

inclinar Ladear o reclinar.

órbita Recorrido alrededor del Sol.

relojes de sol Instrumentos que usan la sombra para decir la hora.

rotar Dar vueltas en círculo.

sombra Zona oscura donde la luz ha sido bloqueada.

Índice

Las páginas indicadas con números en **negrita** tienen ilustraciones.

Agradecemos a las asesoras de lectura Nanci Vargus, Dra. en Ed., y Beth Walker Gambro.

Marshall Cavendish Benchmark
99 White Plains Road
Tarrytown, New York 10591
www.marshallcavendish.us

Text copyright © 2009 by Marshall Cavendish Corporation

All rights reserved. No part of this book may be reproduced or utilized in any form or by any means electronic or mechanical, including photocopying, recording, or by any information storage and retrieval system, without written permission from the copyright holders.

Library of Congress Cataloging-in-Publication Data

Rau, Dana Meachen, 1971–
[Space and time. Spanish]
El tiempo y el espacio / Dana Meachen Rau.
p. cm. – (Bookworms. Nuestro planeta es importante)
Includes index.
ISBN 978-0-7614-3470-2 (Spanish edition) – ISBN 978-0-7614-3496-2 (bilingual edition)
ISBN 978-0-7614-3049-0 (English edition)
1. Earth–Orbit–Juvenile literature. 2. Earth–Rotation–Juvenile literature 3. Time–Juvenile literature.
4. Seasons–Juvenile literature. I. Title.
QB631.4.R38518 2009b
525–dc22
2008018490

Editor: Christina Gardeski
Publisher: Michelle Bisson
Designer: Virginia Pope
Art Director: Anahid Hamparian

Traducción y composición gráfica en español de Victory Productions, Inc.
www.victoryprd.com

Photo Research by Anne Burns Images

Cover Photo by *Corbis*

The photographs in this book are used with permission and through the courtesy of:
Photo Researchers: pp. 1, 8, 9, 18 Mehau Kulyk; p. 6 Detlev Van Ravenswaay; pp. 12, 21 Mark Garlick;
p. 17 Steve A. Munsinger; p. 24 Carl & Ann Purcell. *Jupiter Images*: p. 2 Creatas Images.
SuperStock: p. 5 Dynamic Earth Imaging, Inc.; p. 14 age fotostock. *Alamy Images*: p. 11 Stock Images;
p. 22 Robert Davila; p. 23 Florida Images; p. 27 Dirk V. Mallinckrodt; p. 28 Cosmo Condina. *Corbis*: p. 15 Gabe Palmer.

Impreso en Malasia
1 3 5 6 4 2

JEROME LIBRARY
CURRICULUM RESOURCE CENTER
BOWLING GREEN STATE UNIVERSITY
BOWLING GREEN OHIO 43403

DATE DUE

GAYLORD   PRINTED IN U.S.A.

JUV 525.22 R239s3

Rau, Dana Meachen, 1971-

El tiempo y el espacio